近代欧美初等教育发达小史

杨廉／著

知识产权出版社
全国百佳图书出版单位

图书在版编目（CIP）数据

近代欧美初等教育发达小史/杨廉著．—北京：知识产权出版社，2018.1

ISBN 978-7-5130-5255-9

Ⅰ.①近… Ⅱ.①杨… Ⅲ.①初等教育—教育史—欧洲—近代 ②初等教育—教育史—美国—近代 Ⅳ.①G629.509 ②G629.712.9

中国版本图书馆 CIP 数据核字（2017）第 271087 号

责任编辑：刘　江　　　**责任校对**：谷　洋

封面设计：张　冀　　　**责任出版**：刘译文

近代欧美初等教育发达小史

杨　廉　著

出版发行：知识产权出版社有限责任公司　　**网　　址**：http://www.ipph.cn

社　　址：北京市海淀区气象路 50 号院　　**邮　　编**：100081

责编电话：010-82000860 转 8344　　**责编邮箱**：liujiang@cnipr.com

发行电话：010-82000860 转 8101/8102　　**发行传真**：010-82000893/82005070/82000270

印　　刷：三河市国英印务有限公司　　**经　　销**：各大网上书店、新华书店及相关专业书店

开　　本：880mm×1230mm　1/32　　**印　　张**：3.875

版　　次：2018 年 1 月第 1 版　　**印　　次**：2018 年 1 月第 1 次印刷

字　　数：40 千字　　**定　　价**：20.00 元

ISBN 978-7-5130-5255-9

再版前言

民国时期是我国近现代历史上非常独特的一段历史时期，这段时期的一个重要特点是：一方面，旧的各种事物在逐渐崩塌，而新的各种事物正在悄然生长；另一方面，旧的各种事物还有其顽固的生命力，而新的各种事物在不断适应中国的土壤中艰难生长。简单地说，新旧杂陈，中西冲撞，名家云集，新秀辈出，这是当时的中国社会在思想、文化和学术等各方面的一个最为显著的特点。为了向今天的人们展示一个更为真实的民国，为了将民国文化的精髓更全面地保存下来，本社此次选择了一些民国时期曾经出版过的、书名中均有“小史”字样的图书，整理成为一套《民国小史丛书》出版，以飨读者。

这套《民国小史丛书》涉及文学、艺术、历史、哲学、政治、经济等诸方面，每种图书均用短小精悍的篇幅，以深入浅出的语言，向当时中国的普通民众介绍和宣传社会思想各个领域的专门知识。这套丛书通俗易懂，可读性强，在专业知识和理论的介绍上丝毫不逊于大部头的著作，既可供大众读者消闲阅读，也可供有专门兴趣的读者拓展阅读。这套丛书不仅对民国时期的普通读者具有积极的启蒙意义，其中的许多知识性内容和基本观点，即使现在也没有过时，仍具有重要的参考价值，因此也非常适合今天的大众读者阅读和参考。

本社此次对这套丛书的整理再版，基本保持了原书的民国风貌，只是将原来繁体竖排转化为简体横排的形式，对原书中存在的语言文字或知识性错误，以“编者注”的形式加以校订，以便于今天的读者阅读。希望各位读者在阅读本丛书之后，一方面能够对民国时期的思想文化有一个更加深刻的了解，另一方面也能够为自己的书橱增添一种用于了解各个学科知识的不可或缺的日常读物。

自序

此二万余言之小册子，意在供给师范学校研究初等教育之助，略知欧美初等教育发达之情形，俾有所借鉴也。若夫精深之研究，则欧美已有专书，此不过研究之初步耳。

本书体裁及大部分材料均取自派克（Parker）之《近代初等教育史》（*The History of Modern Elementary Eduction*[1]），

[1] Eduction 当为 Education。——编者注

其余如孟禄之《教育词典》《教育史》，姜琦之《西洋教育史大纲》、格莱夫斯之《近代教育史》及马文之《欧洲哲学史》、体利之《哲学史》，均为重要参证之书；又当研究之际，蒙东南大学教授郑晓沧先生指导，及稿成之后，复蒙郑先生有所指正，谨于此致感谢之忱！

一九二四年四月二十七日，述者

目录

Contents

绪论

近代欧美初等教育发达小史

初等教育（Elementary education）之定义果为何如乎？自寻常一般见解释之，初等教育者，对中等教育与高等教育而言也。高等教育为教育之极点，中等教育则高等教育之预备，初等教育又中等教育之预备也。为此言者，有见于齐，无见于畸，见于初、高中联络之关系，而忘却初等教育本身之价值也。夫初等教育自有其本身之价值，盖犹孩童自有孩童之价值，孩童之价值，不必因为为成年、老年之始基而后价值乃见，初等教育不必因高中之联系而后价值乃见也。初等教育约有三义：一指青年期以前之教育；二指国语文及本土文化（包含科学、艺术、工业在内）之教育；三指养成普通公民，整调全国国民之教育也。今归纳此三义而下初等教育之意义曰：

"初等教育者为培养公民，整调全国国民，就儿童时期施以本土经验技能语文智识之教育也。"

初等教育之年限各国极不一致，有自15岁以下者，有自13岁以下者。初等教育之组织各国亦不同，有分两级者、有分一级者；有单轨者、有双轨者——此由各国历史、社会状况不同，致影响适应人生之教育制度亦各不同也。

初等教育之名称，更因历史而多所更易。在欧洲中世有所谓（1）唱歌学校（Song School）、（2）书法学校（Writing School）、（3）德语学校（German School）、（4）国语学校（Vernacular School）者，此以各校课程偏重不同而异其名也。又有所谓（5）普通学校（Common School）、（6）人民学校（Volks Schulon[1]）者，此以社会阶级区别学校身份之名也。原在斯时社会阶级峙立，有若鸿沟，应贫民及普通无身分人民之需要者始曰普通学校、人民学校。至于贵族则以入此等学校为耻，另从事于高贵之学校，所谓（7）拉丁学校（Latin School）矣。——此中代[2]之情形也。至若近代，则社会阶级日渐澌灭，无贵贱之分，均有受教育之义务（就国家言），均有受教育之权利（就公民本身言），初等教育遂为一般人民之教育矣。

在中世时代，国家对于教育，无有利用之觉悟，从不大注意，故办理初等教育

---

❶ “Schulon”疑为“School”。——编者注

❷ “中代”指“中世时代”，即中世纪。——编者注

之权，操诸教会。教会之视教育，直如传教之工具，不知有所谓人的教育也。及至十七八世纪，国家主义渐次发达，教育为国家强盛之工具大明于人心。教育事业置于国家内务行政之内，自普鲁士厉行而后，大陆各国相继效之。由是初等教育渐与教会分离。初等教育亦大形发达，且多以初等教育为义务教育之全部或一部者，学龄儿童之未就学者除文化迟滞、政治窳败之国家外，殆不多见矣。此自中世以来之大概也。

以下论欧美近代初等教育之发达史，约分四节。第一言12世纪至15世纪之初等教育，作为近代初等教育发达史之前导。第二言宗教改革后，新旧教徒争欲灌输宗教知识精神于儿童，以为两教争优势的工具。结果宗教遂成功[1]初等教育之基础，办理初等教育之权多在教会手中。第三言自教会垄断初等教育后，弊窦为少数先觉之士所发现，于是教育还俗之运动以起，渐进更禁止教会干涉初等教育矣。第四言初等教育之迅长，其间著名大教育家自裴司塔洛齐而至杜威凡数人，其学说自裴氏之以感觉为基础说，到杜氏之学校即社会说，亦有多种，诚初等教育上之大观也。

[1] “成功”当为“成为”。——编者注

一、欧洲12世纪到15世纪之初等教育

近代欧美初等教育发达小史

由 12 世纪到 15 世纪之 400 年中，正当教会势力隆盛之候，教育之权，操诸教会，初等教育变成教会教育。教会教育在完成宗教的目的，初不顾及社会之需要。至于社会方面则正当文艺复兴之际，于希腊、罗马（Greece and Rome）如获新发之宝藏，复古之风顿炽。学者惟古是崇，希腊、拉丁文字为尚友古人之锁钥，正犹当时教会自命为出人世入天堂之梯阶，不经教会则不能通于神明，不可以解苦得乐，不学拉丁、希腊则不能读古书，不能窥见古代之美。是以欲为学必先通拉丁、希腊，欲子弟在社会稍立身分亦必以学拉丁文为始。当日拉丁学校行初等教育之发展停滞矣。

然当时国语学校、书法学校亦曾稍稍如昙花之一显。其原因盖由11世纪至13世纪欧洲各基督教国鉴于土耳其占据耶路撒冷危及圣地，组织十字军东征，军行数千里为时二百年，各国王侯多半战死，千余年之封建至此崩颓，军行所过之地，城市商业因而繁茂，市府勃兴，因商业繁茂之故，思教育子弟，以应商业上之需要。但当时盛行之教育不过三种：一曰教会学校，二曰武士教育，三曰大学教育。教会教育重在演述天国，侈言天人相与之道；武士教育重礼习武，尚侠轻生；大学教育重在考订古学，祖述亚里士多德——皆不切于持筹握算之需。由是而有此特殊的国语学校、书法学校出焉。此种学校虽专授关于工商业上之知识，然其特点有可得而言者：其一，能于教会之外，由市民自立学校；其二，以人生实用之国语、写算为教材而不为宗教所限制。

虽然，此等学校在社会视之谓之俗学，学者不齿，在教会视之谓之叛逆，理所必禁——盖教育事业乃教会之工具与专利品，人生乃教会之捕获物，岂能许其自外养成？故教会对于此种学校严加干涉，思收置于其指挥监督之下；市民预料其无好结果也亦力抗之。不幸千余年积威之宗教势力竟战胜市民矣！由是此特殊之学校不自行消灭，即为教会所并矣，其存者甚鲜也。

至于此时之教育家亦有数人可得而言，在英有阿格门（Ascham），在意有威及士（Vegins），在荷兰有伊拉马（Erasmus)，诸人于学理上多少与初等教育有关系。此数人之主张间亦互异，但抽其同点则有三：一曰重视宗教，二曰重视古文，三曰非平民的教育也。

二、16世纪之初等教育

二、16世纪之初等教育

上节所言乃12世纪至15世纪初等教育之大概，不过为近代初等教育之前引而已。近代初等教育当自16世纪起。16世纪之初等教育，以宗教为其基础。何以至以宗教为其基础耶？其原因由于宗教改革，请略言之。

基督教自罗马帝国认之为国教后，势力日渐澎涨[1]，由参与人民社会事务进而参与政治，把持政治，在政治上立一威权，欧洲各国王侯大都受其统治。夫权重则横压增势重积久则弊窦起，昔日以修身为通明之教主，渐怠其精神上之职务，甘为卑鄙无耻之行，贪淫奢侈，滥用权势，无所不为，甚而发行赎罪券以图敛财。教

[1] “澎涨”当为“膨胀”。——编者注

会虽堕落如此乎，人民固不敢以卵投石也。但亦有一二勇毅之士，大胆忘身，为真理而奋斗者。其人在先则有英之威克利夫（Wycliffe），在后则为德之马丁·路德（Martin Luther）。威克利夫曾为牛津大学（Oxford University）教授，14 世纪人也，愤宗教之黑暗，盛倡宗教改革之论。教皇闻之大怒，免其教职，于其死后，焚其尸，投其灰于河以为倡异端者戒。至 1517 年，路德以教皇勒阿十世（Leo）之贪敛，于威丁堡（Wittenberg）大学露布 95 条之檄文，攻击赎罪券之非法。勒阿十世大怒，斥为异端，宣告路德破宗。路德不屈，于 1520 年取宣告“破宗状”及罗马旧教之法典焚之。自是路德更创新教，倡直接与上帝交通之说，自由研究，自由行为，绝不受僧侣之干涉。后又有德人米兰可多（Melanchton）助路德为改革宗教运动，又在瑞士有芝温黎（Zwingli）、在法有甲尔文（Calvin）亦闻路德之风而兴起者也。自是法兰西、英吉利、瑞士均为新、旧教冲突之场所矣。此就新教方面言也。稍后，有罗约拉（Loyola）者，愤邪说横行，路德、甲尔文之言盈天下也，乃挺身而出，以正人心、息邪说、卫护旧教为帜志，旧教之衰运因之稍稍挽回。顾自是厥后两教斗争欧洲大变矣。

此宗教改革之经过也，然此与初等教育有何关系耶？曰新、旧教均利用教育以为战争之工具是也，两教均利用教育，故教育之机会较前增多，亦惟两教均利用教育，故宗教对于教育之毒愈大，盖彼等非为国民努力而办教育也，乃为宗教努力而办教育也。换言之，两教之盛衰，视其招降灵魂数目之多寡为定耳。试言其崖略。

自十二三世纪以来，除少数市府有学校外，大多数儿童无读书之所，其状况较诸今日之中国或更甚也。路德所倡宗教，首在自通于神，通神之法，在于自读《圣经》。以此蚩蚩之民，何能办此耶？虽路德以德语译《圣经》，不如读拉丁文《圣经》之难，顾能读德语《圣经》者亦难普遍。路德觉悟，欲普及神之福音于天下，不可不自普及教育始。欲施行新教的教育，不可不自儿童教育始。负儿童教育之责者不可不为父母。父母有不能尽此责者，不可不由政府担任之。路德尝以此意警告当世，又于1524年上书德意志各当道，请设立公共学校，当道从之。甲尔文亦注意国民教育，于日内瓦（Geneva）创办初等小学，力为奖励。故甲尔文新教所行之区，其国民教育，视路德新教所行之区，更为发达。英国亦设立此种学校、私塾及老妪学校（Dame School）——老妇人司教者——亦并得发达。自 1500 年后，美国之麻省及本薛文尼亚因清教徒之移来，亦有相似之基督徒学校出现。

此就新教徒言也。至于旧教徒方面，亦主张宗教心之根本地培养，莫若从事教育。罗约拉以六十年之星霜，造成厄斯伊达派（Jesuits）——此派即罗氏所倡导之旧教——之学校二百余所。此派虽倡言不分贫富贵贱，施以同等教育，而于贫贱之教育实未如其所言者努力也。

新、旧两派之教育家不容多举，举其足为代表者一二如此。至两派于教育上之共通点则有三：一视教育为传教工具，二重视古文，三重视《圣经》。至于各国情形亦多不同。在德因路德之倡导，此种宗教学校多由政府设立，其在英、美则为私人努力，此其大别也。

顾当时各国初小教育虽因宗教之故，日渐加多，惟以费困难，设备不周，教授不良，学生 2/3 之光阴，半消耗于无用。幸在法国有拉萨勒（La Salle）、在英国有兰加斯特（Lancaster）及柏尔（Bell）等人出，改良教法。拉萨勒创班教授以代个人教授之法，行于法国之通都大邑，兰氏及柏氏创班长制（Monitor System）——以高才生教低劣生，于时遂为唯一无二之良法矣。

三、初等教育与宗教之分离时代

今请言由宗教之初等教育，蜕化为无宗教之初等教育。在此时代以前，初等教育为新、旧教之工具，故宗教在初等教育上之势力甚厚。但宗教与人生智识的生活终不相容，宗教把持教育于国利民福上防隘[1]至大。在其初人知宗教势力之伟大不敢反抗也，故含垢认辱以待之。及宗教改革而后，情势大变，宗教势力渐不能束缚人民。政府为振扬国威计，亦遂毅然自教会手中夺还教育之权，初等教育乃得遵坦途而发达矣。此举自夸美纽司（Comenius）以来之教育家渐倡之，自普鲁士王行之，行之而有效，各国竞相效之，到19世纪之中叶，虽最老大之英吉利教会，亦以教育之权奉诸国家也。此种以宗教下之

[1] “防隘”当为“妨碍”。——编者注

教育奉还国家办理，世名之曰教育还俗。以下当述还俗经过之情形。

（一）影响教育还俗之要素

在未言还俗之先，请略言影响还俗之要素，要素有四。

一曰科学的发见。在未言 17 世纪科学发见之先，再略言上古之科学。古代自亚里士多德（Aristotle）以前，科学颇为发达，医学、天文学、数学、植物学、解剖学，均已开其端绪。如日为中心之说，见于柏拉图（Plato）之答客难，医学上发明血液之循环，数学上发明与微积分有关系之问题，且由柏拉图解决之。此皆很显著的发见也。不幸自亚里士多德而后，希腊学问至于大成，有退无进矣。盖厥后基督教兴，基督教窃取亚里士多德之哲学，以为基督教哲学之重要成分。而一般教士、学者多束于教义，不敢于《圣经》外别有主张。《圣经》谓创造万物者上帝也，元子论者不敢开口矣；《圣经》谓地为中心，柏拉图派不敢张口矣；《圣经》谓地静止而不动，格里阿（Golileo）不敢张口矣。此《圣经》专制，智识阶级思想不自由，科学不得进步之证也。故中世纪时代学者研究不出亚里士多德范围，根据不外《圣经》，其所成就止于经典之注释而已。其所用方法止于演绎，根据《圣经》为大前提，以判断一切，正犹吾国人士昔以“子曰”“诗云”判断一切也。此种情形，在宗教改革前后盛极矣，新理安得发现哉？

然一到 17 世纪，格里阿用自制之粗劣显微镜，窥测天体，证明地动之说，牛顿（Newton）发明万有引力论，笛卡尔（Descartes）、乃勃李慈（Leibnitz）上继柏拉图而发明微积分学，波以耳（Boyel）发明气压定律。自是以后，科学之发现逐渐加多。

然则用何法以至于此耶？曰科学的方法以致之也。科学的方法者，用观察、证明、实验之谓也。牛顿等之发现新理，盖不外观察个体事物，而求其共同之点，定为假设，将此共同之点加以证明，而施诸实验看其与实际是否吻合。如其合也，然后乃认此假设为真。故彼等所发见者乃在实验室中所发见者。古代哲学家如元子论者之元子论，乃哲学家书房中所发见者。

此二者之不同，不但归纳演绎方法之不同，又实验与玄想之互异矣！故 17 世纪科学之发见，其影响于智识界也，与其说以其结果，无宁说以其方法。结果之供献有限，方法之供献乃精神的供献，其益乃无穷也。

虽此辈实验室中之科学家，其影响于人类，乃为间接的而非直接的，宁不可怪？为科学精神宣传者，实非科学家之培根（Bacon）、陆克（Locke）、伏尔泰（Voltaire）耳。

培根谓昔人研究学术，皆未曾发见真理者，其故盖由研究方法之失败。彼辈不由观察、实验以认识自然，徒于自己臆揣中以为理当如是，是乃纸上之空谈，无事实为根据，万不能得物质界之普遍法则与根本原理也。其所著《新方法论》(*Novum Organum*) 即畅发此理，力诋旧日之演绎法，倡导归纳的研究法。自后于归纳法遂推培根为不祧之祖，实验法之应用亦广，培根宣传之力不少也。

培根之外为英之陆克。陆克以人类知识之起源，源于吾人之经验。盖吾人所谓知识，乃此观念与彼观念之相一致与不相一致耳。又谓观念与事物合者为真知识，不与事物合者为伪知识。然则吾将问此观念由何而来耶？在笛卡尔与来勃李慈谓观念之一部或全部为天赋，陆克反之以观念起于观察，起于经验。故陆克治心理学之方法，一反昔人玄想内省之方法，而代之以观察与实验。夫观察与实验，乃科学家之实验耳。陆克与波以耳为友，又与牛顿同时，显受彼等之影响，陆克心理学之方法支配 18 世纪，其影响为不少矣。

陆克之外为伏尔泰。伏尔泰者，法人，读陆克学说而大喜，为之宣传者也。伏尔泰自英回法，力传牛顿、陆克之方法于法土，于是法国亦受科学的影响矣。

虽然科学发见、科学方法之泛用，与初等教育之还俗有何关系乎？曰间接的关系也。盖科学发现，则无征不信之精神出矣，独断教义之威权颓矣，智识上之新发现，新天地辟矣。注典研经，腐守陈言之习除矣，此为智识界之一大翻身，亦即智识界对宗教之叛变也，独立也。换言之，即智识界有其自由矣。智识界独立，初等教育之还俗，当受不少之刺激也。

二曰宗教自由。自路德以来，新、旧教并立，互相争斗，几普及于欧陆，其中尤以德意志帝国三十年战争最为苦痛。吾人试闭目一思，在吾国史中三十年之长期战争曾否数见？各朝开基之先，亦必有长期战争，然若三十年者究少。虽然以吾国史籍所载，即此不及三十年之战争，已令吾人万不能安矣，用此当知德国彼时之痛苦也。三十年战争之后，旧、新两教势力各不相下，宗教上之真理以为用武力可以决定之者竟不能矣，所谓理无两是者今亦不得不各行其是，于是有信教自由——对于宗教有任人信仰或不信仰之自由。此种信教自由之说，顿成天经地义，载诸国家大法，浸假而普及世界矣。

信教自由于教育还俗之影响，直接、间接均有关系，盖欧人宗教狂热，远在吾国之上，异教同学，争端不免。故宗教之见迸于教育，此亦直接之原因也。

三曰中央集权。中央集权与宗教势力之消长结果则帝王之权日大，宗教干涉政治之权日小。宗教势力，在宗教改革以前至为伟大，前已言之，至于此时，王权日大，在法则17世纪当路易时代，李希浏（Richelieu）为之辅相，行三大政策，在国内许信教自由，务弱诸侯，消灭封建；对外则扶助新教，于三十年战争中，因应适宜，遂一跃而为欧洲伯主。夫政教不并大，王室既尊，则教权降落，亦事理之所必然也。

在德则菲列德·维廉父子均为明主，努力练兵，发扬国威；在内则编定法典，自教会手中取回教育之权，以教育为国家政务之一。中央集权，于初等教育之还俗至为伟大而直接，不待言矣。

四曰民治之发展。民治发展可举三例为证。一为1668年英国革命，二为1789年之法国革命，三曰1776年之美国独立。

英国王权本已甚重，至查理士（Charles）、詹姆士（James）父子两世，更思极力扩充之，然国会乃保持民权者也。因之两不相容。国会起而革王之命，处王死刑，由是王权神圣之说破矣。

法国国王之横暴，国家状况之不安，

本已达于极点。及至路易十六之身，遂至革命，数次掀起，直推倒王政而后已。

美国原为英之殖民地，英政府以财政困难，思重征属地之税以裕国用。殖民地反对，1776 年遂宣告独立，成为今之美国焉。

民治发展对于初等教育之关系有二：一为教育为人民共有之观念立其根基，二为帝王神圣之说被其摧毁。

以上所述四项——科学发见、宗教自由、中央集权、民治发展——可总而言之曰博得自由自由反宗教者也。盖科学发见，则宗教昔日加于人类智识上之束缚去，宗教自由则宗教昔日加于人类信仰上之束缚去。科学发见自外部以攻宗教，宗教自由，则宗教内部之自杀，皆足以堕落宗教之威权者也。至于中央集权，则直与宗教为敌，昔日宗教权力超于王权上者，今则不得不下之矣。民治发展，不特宗教之威废堕，即王权亦为之废堕，换言之，即教育之机会由是日多，教育之价值愈为人所重视矣。

（二）教育还俗期中之教育家及其学说

以上既言影响教育还俗之四大要素，以下请言各国教育还俗之经过，及与此事有关之教育家。兹先言后者。

此一期之大教育家在前有夸美纽司，在后有卢梭，介居两人之间者曰陆克。

1. 夸美纽司

夸美纽司者，神圣罗马帝国人，生于1592年，死于1670年，曾受学于德国大学，尝服务于波兰、英国、瑞士、德国、荷兰，又曾以四年工夫试验其所主张之教育学说，极有声誉。

夸美纽司颇以道德的陶冶、知识之养成为教育之目的。在道德方面，彼主张以《圣经》为基础；在知识方面，彼主张博学，一切知识皆应必修（然彼主张之《圣经》不如时人之狭隘）。彼又主张使人人皆为理性的人，以合于上帝之意。因此教育当为普遍的、强迫的，无论男女，无论老幼贫富贵贱皆必修学。彼分教育为四时期：一曰婴儿时期，其学校为母亲之膝下；二曰孩童时期，其学校为国语学校；

三曰儿童时期，其学校为拉丁学校；四曰青年时期，其学校为大学或游历。彼力倡国语于举世不为之时，又主张政治经济、史地、机械原理，均当教给儿童，卓识远见，不可磨灭。至于彼之教授方法其要点亦有可得而言者。

（1）教育当始于婴孩时候，当视儿童之能力；

（2）当照组织之功课，循序渐进；

（3）写字与读书须联合教授；

（4）每日最好时光，当用以读书；

（5）教授当先授实物，而后解释与讨论；

（6）先举例而后教以定则；

（7）凡材料之了然者须熟记之；

（8）当以兴趣温雅和悦，代强迫与

苦读；

（9）不得以学习寡效而施体罚，等等。

观上各点，似亦平常，且觉不无缺点。然以历史的眼光观之，不能不叹服彼之天才矣！

2. 陆克

陆克生于1632年，死于1704年，英人也。陆克有四点重要：（1）为始用自然科学之方法以研究心理学者；（2）为英国平民主义之提倡者；（3）为英国信教自由之提倡者；（4）为以论教育，影响他国及他时之教育者。彼于教育方面，主张：（1）身体训练之必要；（2）教育之目的为德性之养成；（3）智识之教授须合于习用；（4）教学当根据自然之活动。盖陆克曾为十年之教师，深与儿童相习，又为心理学者，故深知人性，又曾周游各地，故深知各种活动之堪利用也。其后卢梭之教育学说多本于陆氏。

3. 卢梭（Rousseau）

卢氏于1712年生于日内瓦。幼颇不羁，放浪各地，旋得人助，遂入巴黎，改行为善。后殁于1778年。其著作最与教育有关者曰《爱弥儿》（*Emile*）一书。爱弥儿为此小说中之主人翁，卢氏借此以表见其教育上之主张者也。卢氏分爱弥儿之教育为四期。

第一期为生后一年内之教育。在此一年之内，最重身体的养护，而一切归之自然发展，自然锻炼，不加以人为之妨碍，至于道德方面，虽此时不甚重要，然亦不可不注意，宜有相当之设施，且常宜观察其言语态度风采也。

第二期为 2 ~ 12 岁之教育。此期之教育特点有三：

（1）注意感官之练习；

（2）不授书本，不授宗教；

（3）不加人为，一切任儿童自由作为游戏，不可以成人之意志选定教材，教授儿童。

第三期之教育即 13 ~ 15 岁之教育也。此期之教育特点有三：

（1）授以自然科学之知识；

（2）让儿童自行观察，自己思考，自己解答；

（3）只让儿童读《鲁滨逊漂流记》。

第四期之教育，即15～30岁之教育，亦即教育完成之时期也。此期教育之特点有三：

（1）道德宗教的情操之陶冶；

（2）宗教宜由儿童自择；

（3）让儿童先研究历史，俾熟识世故，然不可骤与世人直接交际。

卢氏教育原理就其要者，约而言之，如下：

（1）曰任自然的教育也。卢氏以人性为善，人为为恶；自然为善，社会为恶。故人能习于自然，以自然为法则最妙。盖自然纯善者也。爱弥儿之教育自出生以至教育完成之时期，无不以自然为对象，所观察者自然也，所研究者自然也，所模仿者亦自然也。甚而爱弥儿之身体行动，一切皆任其自然之发展，不为丝毫之干涉，不参加丝毫施教者之成见，所谓顺杞柳之性以为杯棬也。

（2）曰自由的教育也。儿童自由，即儿童得益最多之时也。盖自由为教学原则。最自由则幸福最大，最不自由则幸福最小。故由身体知识乃至宗教及其他一切，均宜给儿童以自由，让其自由游戏，自由活动，自由观察，自行思考、判断，自由选择决定信仰，为之师者不可加以妨碍也。

（3）曰视儿童身心发达之程序，而异其教材与方法也。在昔教育，多不问儿童身心发达如何，而唯按照论理的程序，以定教材及方法。卢氏以为此大误也。儿童身心发达，自有其程序，若夫茫然不觉，妄以己意施教，是戕贼儿童也。卢氏于爱弥儿之教育分为四段，即系此意。其所分者是否合乎身心发达之程序，另为问题，而要可言照心身发达之程序以施教，实为卢氏之卓见。观乎卢氏所写爱弥儿教育，初期特重身体之发育，二期特重感官之训练，三期特重自然之研究，四期特重感情之陶冶，即知为此原则之运用也。

（4）曰主情的教育也。卢氏以为感情乃吾人生存之要具，无情则不能自存矣。然则何为而必欲去之耶？夫情感乃上帝之创功，若必欲去之是违上帝也；若上帝命去之，是上帝自相矛盾也，上帝必不为矣。卢氏特重欣赏自然之美、浪漫之爱，皆重情之表征也。

吾人总述卢梭教育之要点大致如是。然则卢氏胡为而有此主张乎，其主张于当时、于后世有何关系乎？换言之，凡一种学说，其发生也，必有所为，卢氏学说对于当时何种倾向而发生乎？此乃应问之问题，吾人不可不明白者也。

请一言蔽之，实当时社会之反动也。当时社会约有三种最流行现象。一曰清教徒之蔑视感情，清教徒之反对旧教固矣，然并反对“美”，反对“乐”，反对“感情”，教人畏惧上帝，抑制儿童活动。二曰贵族之空存臭架，当时法国贵族堕落不堪，怠惰奢侈，父子夫妻不相团聚，而特重礼仪跳舞。三曰社会之虚伪，当时社会卑鄙污浊，不堪已极，然一班人尚重虚架，动言礼仪，与教会之仪式空存，而精神全忘相若也。卢氏鉴于当时情形之堕落，故主张感情的教育，以反对教会，主张自然的教育，与世隔绝的教育，以反对当日虚伪之社会，主张自由的教育，以儿童身心发达之程序为施教之张本，以反对当日流行之形式的教育。故卢氏不独为政治上之革命家也，亦教育上之革命家也；不独民约论为政治革命之宝典，爱弥儿亦教育革命之宝典也。

自卢氏而后，初等教育上之大教育家，无不以卢氏学说为出发点，所谓试验学校，无能脱卢氏之范围者。卢氏在教育界上实一最伟大人物。在彼前之教育学说，受卢氏之攻讦，由是澌灭，其不受卢氏之攻讦而为卢氏主张所根据者，亦为卢氏之名所掩蔽，所谓虽美不彰，如陆克其一人也。自卢氏而后，由裴司塔洛齐以至杜威，无一不受其影响。

吾人述由宗教的初等教育，至无宗教的初等教育，其中凡有大教育家三人，一曰夸美纽司，二曰陆克，三曰卢梭。夸氏之实际影响至小，陆克之影响次之，卢梭在教育学说上，最为伟大。譬之筑室然，夸氏以前之教育家所筑成者，不过茅舍三椽，虽不无依山见胜，临流得趣之美，然而究属有限，无大可观者。至卢梭氏出，尽毁夷之，以陆克之图样为根据，加以自己之意匠，建成大厦，崇楼杰阁，巍然峙立。自后教育家尽在此中生活，或加彩画，或加雕刻，或小加改造，或添筑偏角，自所难免，若夫摧之毁之，全盘改易，则未之见也。兹据派克（Parker）所作表，译之如下，以见卢氏学说对于后世教育家之影响焉。

卢梭教育学说与后代教育学说之关系

	卢氏学说	后代教育家对之之态度
A	多方面训练陶冶为教育之目的	裴氏（即裴司塔洛齐）特重能力平均发展。海氏（即海尔巴脱）特重多方兴趣
B	教育须以儿童本能才能为基础	福氏（即福洛贝尔❶）特重，裴氏取其一部
C	须按年级而给以适当的活动	裴、海、福三氏并重之
D	感觉知识为初等教育之基础	巴氏（即巴西多）重之，裴氏之实物教授更重之
E	神学不宜于儿童	巴氏、裴氏并重之

❶ 后文均译为“福禄贝尔”。——编者注

续表

	卢氏学说	后代教育家对之之态度
F	地理当先授本地地理	裴氏、派氏（即派克）及梭尔蔓并重之。大地理家李德（Ritter）及格约特（Guyot）更重之
G	以《鲁滨逊漂流记》为科学及实科研究之基础	巴氏及海派并重之
H	死记符号有害儿童之判断力	裴氏初重之，后乃陷于形式。其后教育家均重之
I	当以儿童兴趣及好奇心为教学要素	巴氏、海氏并重之
J	身体活动为发达健康之要素	巴氏、裴氏、福氏均重之
K	自动须与观察及推理相联	巴氏重之，裴氏间重之，福氏及杜威特重之
L	儿童的推理重在应用科学的小问题上	杜威重之
M	临画须以粗疏的起点	派氏及杜威重之
N	研究社会关系，须以实业之观点为始点	—

（三）各国教育还俗之经过

以上述此期教育家竟，当进而述各国教育还俗之经过也。请先言德国。

1. 德　国

德国初等教育之发展，由宗教之手，奉还国家，其重要原因，实由当时德国受法国蹂躏后，大思振作国威，再由君明臣良兼受卢梭教育学说激起二三德国教育家，以卢氏学说为根据，努力实行之结果也。当时明主曰维廉一世，良臣曰塞得里（Zedelitz），大教育家则巴西多（Basedow）、洛州（Rochow）、梭尔曼（Salzmann）也。兹为篇幅所限不能详述，略列其重要事实如下：

（1）1717 年，普王颁布强迫入学令。

（2）1763 年，颁布农村学校令。

（3）1772 年，普之贵族洛州鉴于农民文化之低，状况之苦，捐资设立农村学校。其后大著成效。

（4）1774 年，巴西多设立泛爱学校，是为新教育之发轫；但以巴氏才力之不足，终归失败。

（5）1784 年，梭尔蔓根据卢梭之原理、巴氏之计划，设立学校，遂为新教育之第一模范学校。其学校之特点有五：①身体之训练；②自然的研究；③学校园与手工；④团体旅行；⑤以道德训话及自然的研究代宗教。

（6）1787 年，颁布收回学校归政府办理令。

（7）1794 年，普鲁士大法典颁布，其中有关教育者如下：①教育归国家办理；②学校须由国家承认及同意始允设立；③学校须受政府之监督及视察。

观以上所举，可见普之教育已有基础，虽曰完全实行之期尚迟至19世纪之初，然已先于各国，法、美皆由此取则矣。

2. 英　国

目今请言英国。英国之教育还俗运动，不及德之见效速且著也。其原因实由：(1) 当时相信初等教育宜由家庭及教会办理之说；(2) 上议院主张保持教会之势力，以愚民为主旨；(3) 以国家经费办理初等教育为人所反对也。在英原系重保守的国家，对于一切新理，素以稳重容受为世所知。故教育还俗一事，直因 18 世纪之环境日日相逼，始于 19 世纪之末，完全达到还俗之目的焉。兹举其大事以见变迁进步之迹。

（1）1780 年，日曜日学校设立。

（2）1802 年，议院通过劳动儿童之教育案。

（3）1807 年，下议院通过各地设立贫民学校案。

（4）1833 年，下院通过以 2 万金镑建立校舍案。

（5）1839 年，政府开始视察学校。

3. 美　国

再次请言美国。美国教育还俗之迟缓大与英国相似。其原因有三。

（1）教会之嫉视；

（2）人民误解公立学校为贫人之学校。

（3）征收教育税之阻碍。

美国教育还俗之情形，因州自为政之故，概举之，则共同一致之点少；遍举之，又苦篇幅不我许也。无已，以纽约、麻省、印第安纳及本薛文尼亚为代表，举其事之著者如下。

（1）纽约省。

①1805年，免费教育社（Free School Society）成立。

②1806年，设立免费学校，受政府之补助费。

③1820年，教会出争补助费。

④1826 年，免费教育社，改名公共教育社。

⑤1828 年，省议会允许征收地方教育税以办教育。

⑥1824 年，❶ 省议会通过下列之议案：设立教育局（Board of Education）；设视学；教授宗教之学校，政府不与津贴。

⑦同年设立教育局。

（2）本薛文尼亚省。

①1790 年，省议会通过设立贫民学校案。

②1802 年，省议会通过人民贫不能纳学费者，由公家代纳之案。

③1818 ~ 1834 年，实行设立贫民

---

❶ 根据前文年份排列规则，此 1824 年疑有误。——编者注

学校。

④1834 年，通过地方征收教育税案。

（3）印第安纳省。

①1816 年，省宪规定普设免费学校。

②1824 年，通过设立学校董事案。

③1831 年，由选举人决定征收教育税之数目，但此时仍无进步。故[1]

④1846 年，弥尔（Caleb Mill）努力宣传教育之价值。

⑤1847 年，民众以过半数表决征收教育税。

⑥1849 年，实行前案。

[1] “故”疑为衍文，或当时行文原因，应属下。——编者注

（4）麻省。

麻省教育初本发达，但忽中衰。

①1789 年，区立学校用市经费办理。

②1834 年，设立州立学校之基金。

③1837 年，以加特（Caster）努力之结果，得设立教育局。

④1837 年后，和拉斯曼（Horace Mann）为教育局长，教育大进步，为美国各州所矜式。

观上四省教育还俗之情形，可知美国当时教育之一班。彼时关于教育之进步，尚有二事应当申说者：一曰人的影响，二曰教法的影响。所谓人的影响者，即和拉斯曼是也。和氏麻省人，为麻省教育局长凡十二年，增加学校经费数倍，新学校设立费达 200 万元以上，男女教员薪水增至十之五六，其教育局之组织法，亦为各州所矜式。派克（Parker）谓之美国建国第三大伟人，以与林肯、华盛顿相比，可知影响之大矣。所谓教法的影响者，即班长制是也，此法创始于英人兰加斯特及柏尔前已言之，用高才生教低劣生，由是一个教师可任多数儿童之教育，事省费节，在教育初起，经费支绌之候，不可不谓之为暂时的救济良法也。故当时各州以其省费，竞相仿效，其造福于初等教育之推广至巨。

本节的结论

初等教育前虽受宗教之笼罩，然因为科学之发见、民治之发展、政权之集中、宗教之自由、宗教之权力日渐与教育分离。斯时之教育家，其最著者在先为夸美纽司，继之者为陆克，最后则为影响后代最大之卢梭也。其间各国教育还俗经过最早者，当首推普鲁士，普之迅著成功者其因有二：一曰贤君贤相之努力，二曰教育家之勃兴。上下一心，努力前进，不计宗教之反抗、人民之疑虑，故能如是迅奏大功也。英国国民素以稳健著称，对于新改革之提议，其感受性恒后于他国，加以君臣不如维廉、塞得里，宗教势力且复过之，其不能猛晋固无足怪也。在美国方面，人民容受性或较英为强，然（1）事须决于公议，掣肘甚多；（2）各州情形不一，发达难期一致。直到和拉斯曼出后，始为长足之进行焉。

四、脱离宗教后之初等教育

近代欧美初等教育发达小史

在上节中已略言各国初等教育之情形，此后即不复再论，因既有基础，各在循序渐进之中耳。以后所述者为学说方面及教法方面，然尤重于教法。

在学说方面，自卢梭而后，譬之筑室，已立图样间架，但未装修粉饰耳。自裴司塔洛齐（Pestalozzi）后，自科学、算学、地理、历史，以至写读、音乐、口缀，颇有精妙之教法，故能蔚为一代风气，盛行各地。今虽时过景迁，新法日多，小学界中已无裴氏教法称伯之余地，然以历史的眼光观之，且饮水思源，今日固不能忘却裴氏也。然则裴氏与卢梭将永为初等教育界中最可纪念之人物矣！前已言之，卢氏立间架者也，裴氏装修内部者也，经此两人而后初等教育真为美丽可观之玉宇琼宫也。虽然，卢氏之说，不无缺点，如重个人而忽社会，重自然科学而轻视历史文学是也，在今观之，犹之玉宇琼宫中，缺乏必不可少之亭台楼阁乎。自是而后之大将，任添修此亭台楼阁者，则德之海尔巴脱（Herbart）、福禄贝尔（Fröbel）、美之杜威也。本节所述者即裴司塔洛齐及裴司塔洛齐运动，海而巴脱[1]及海尔巴脱运动，福禄贝尔及其幼稚园，余及杜威（Dewey），下当分论之。

（一）裴司塔洛齐

裴司塔洛齐（Pestalozzi）1746 年生于瑞士。初学神学，继学法律，均一无所成。后又委身畎亩，欲从事农业，亦无发

[1] “海而巴脱”当为“海尔巴脱”。——编者注

展。彼幼孤，鞠于母氏，受女性之影响甚深，故温柔敦厚，举动多带女性。而于贫苦无告之辈，每若不胜怜惜；又其作事颇具热忱、坚忍、不计失败，前者所以导彼从事教育事业，后者则彼所以成为世界大教育家也。

当彼从事农业时，见失学儿童之可怜，遂触其办理教育以救贫儿之念。因就彼之农场设立学校一所，收贫儿数十人，自为教师，给以衣食，教以实业方面之知识。然不久农业失败，此校亦随而解散矣。其后任司登市（Stanz）贫儿孤子之教育，裴氏尽心教之、爱之、养护之，惟恐不至，后人称之曰“孤儿之父”，亦足以测彼之成绩矣。不幸法兵侵入，裴氏之业又以不终。

未几，彼赴贝格多夫（Burgdorf）得政府允许，以古垒为校舍，结友设私立学校，实行彼之理想的方法，热心教授，成绩大著。然不久此校地址为政府收回，彼不得已率学生数人赴伊尔登（Yerdon）。此时彼经验既久，教术益进，四方闻之，多遣学生来学。彼之声誉由是扬溢乎四海矣！至1827年殁。兹列简表以见彼之教育事业焉。

1746年，裴氏生。

1774～1780年，设贫儿学校，自为教师。

1781年，氏所著教育小说《林哈笃及格尔笃路笃》（*Leanard and Gertrude*）出版。

1799年，任司登市初小教员。

1799～1804 年，在贝格多夫司教。《格尔笃路笃如何教育其子》一书出版。

1805～1825 年，在伊尔登司教。

1825 年，学校解散。

1827 年，裴氏殁。

裴氏教育思想，直接受自卢氏，彼教其子，即全以教爱弥儿之法为蓝本也，其不与卢氏同者，只彼不赞成无限制之自由一端。盖彼谓自由固好，然服从在养成道德上与自由有相同之价值者也。知此则于裴氏教育思过半矣。故不详述其学说，只略举其要点焉。

（1）心理化的教育，即教学当以心理为基础也。

（2）教育当发达儿童之本能及才能。

(3) 当以家庭慈爱之精神施于学校。

(4) 当以教育提拔贫苦之民。

(5) 用实验以发明正确适当之教学法。

关于原理方面，今不具论，论其更要者三事：一曰以实业教育救济贫儿；二曰实物示教；三曰由简至繁。

裴氏之初涉足教育界也，原由于悲悯之一念，盖彼见贫儿之无告，心有所不忍也。然则将何以救之耶？则彼所主张之实业教育是也。裴氏于实业教育颇有一种理想，欲由实业教育成功理想的家庭。故彼之实业教育重在家庭工业、纺织业等。彼在纽霍夫（Neuhof）从事农业时，曾设贫儿学校，行此计划，惜未得竟其功。后彼与范伦波格（Fellenberg）讨论实业教育，于此多所论列，范氏益推而大之，瑞士各州相继采范氏之农村学校办法，英、德亦仿照模拟之。而溯其源，则出于裴氏也。即今十年前美国之实业教育之趋势似亦与裴氏之精神相同也。

其次，请言裴氏之实物示教（Object teaching）。实物示教之原理，即初等教育不可不以感官知识为基础之语也。此语自昔夸美纽司、卢梭均曾言之，裴氏继之而已。彼谓教儿童以所不了解言辞语句，不特得益很少，直令儿童不能了解耳。教儿童当用真正的经验，方为有益也。彼一日与儿童讲解门窗，忽见一儿不看其书，而且听且视其窗，裴氏大悟，以为教以书上之窗，不如示以实在之窗。由是彼遂发明实物示教之法。在裴氏学校中，各种自然物收集至为宏富，即所以备实物示教之用也。此种自然物由学生收集，陈挂壁间，由儿童自己鉴别。兹略举两例，以见裴氏之实物示教焉。

裴氏教学生识数，不先教以书上之数目，而先于学生纺织时教以数计毛线之根数，于室中上课时，则教学生数室中之桌，由此端到彼端，由彼端到此端。实物的数之观念既明，然后乃教以抽象的数之观念。

其教地理也，必先引学生入一间山谷，使学生观其全景，考其土质，验其岩石，各取数事，携回室中，然后示以地图，加以解释。

彼又尝以一纸，上凿一孔，粘于壁上。纸上有图，有色，有方圆之形。令学生一一观察，然后彼立于学生之前，问学生有所见否。学生答曰："纸上一孔。"裴氏遂召学生曰："是，且随吾读。"于是裴氏读曰：

我见纸上一孔，

由孔见壁。

纸上有图，

其图为圆

…………

于是学生亦逐句随而读之曰：

我见纸上一孔，

由孔见壁

…………

此裴氏实物示教之例也。实物示教，用实际观察及经验，比之默记含糊之死文字，方法为佳，并可减去儿童读书之困难，其实际上之效果有二：

（1）教员为一团学生之活动教师，可免一一背诵之费时；

（2）昔日儿童不能养成用口语表示之习，今则能之。

由实物示教又生出口语教授（Oral instruction）。口语教授者省略书本教授之谓也。如教数学，不用教本，教师先置数支铅笔（假定为五）令学生观察。然后教师发问：

“共有几支？”“共有五支。”

教师随取其二，再问之曰：

“笔数少否？”“少了。”

“少去几支？”“少去二支。”

“五支少去二支，余为几支？”

“五支少去二支，余为三支。”

此种实物示教与口语教授合用之法，裴氏曾施之于国文、地理、理科及其他各种科目，均甚见效。以与当时之死板的方法相比较，不可谓之非革新教法也。虽然裴氏之法用之失当，亦非无缺憾也，下当略及之。

夫裴氏原反对形式主义（formalism）者，实物示教之法用之失当，亦正陷于形式主义矣。盖形式主义有三义：一曰习弄语句盲从声音而不解其意义；二曰墨守成法而不知其原理；三曰照本宣科而不知有所变通。凡此三者皆曰形式主义，裴氏之法用之不当，实陷于第一种形式主义也。

（1）误用实物示教，致贬损其价值；

（2）误用由简至繁之说。

裴氏尝于名词、形容词中择取许多，列为一表，令学生死记之。裴氏且谓此法行之至为有效，盖学生能记之而无误也。海尔巴脱亦曾亲见其事云。不知不教学生先领略其义，或缀成有意趣之词句，而单令学生死记，正裴氏所反对之形式主义也。其后学辈更趋极端，无怪乎斯宾塞（Spencer）讥之曰："裴氏之法，思理佳，而应用误也！"——见派克所著《近代初等教育史》第362页——无怪乎文学家迭更生（Dickens）于小说上对于墨约之书深讥之也。（见迭更生所著 *Hard Times*）裴氏开其端，奉裴氏学说者多陷此弊矣。

裴氏又谓教授当由简单至于复杂，然后学生易于领会。此条原理海尔巴脱特谓之真理。盖人心之发展本由简单以至复杂，人之知识，本由偏陋以至完全，由经验以至理性，由具体以至抽象也。然则裴氏之误，误在何处乎？此又如斯宾塞所谓“思理佳而应用误也”。裴氏用此原理至于极点，遂流入机械化。忆一日一法国官吏来参观裴氏学校，谓之曰：“吾视君殆欲机械化教授乎！”裴氏退而叹曰：“彼真一语道着矣！吾久思而不得一相当之字以表吾意，今彼给我矣！”观此当知彼之如何重视其机械化之教学矣。吾请再举例以明之。

彼教语言先将一字中之字母熟认清楚，然后教以一段一段之音，如 Ba、Be、

Bi，然后教以一全字，然后教以一仂语，然后教以一完全句。试举 Beautiful 一字以见例：

第一步教以 b，e，a，u，t，i，f，u，l，九字母熟读熟记。

第二步分此字为两段音 beauti，ful，熟读熟记。

第三步教以全字 beautiful。

第四步缀成仂语 a beautiful man。

又如教写字，必先将一字细细分拆，视哪处为直线，哪处为斜线，哪处为锐角，哪处为钝角，一一了然，然后教写一全字。此真由简至繁矣，虽然何其机械化也！是乌得谓之合乎儿童心理哉？

以上已略言裴氏之学说及其方法矣，

然则裴氏之学说及方法有何影响乎？是不可不知也。吾人就“裴司塔洛齐运动”一语，当可推知19世前半期欧美教育界之对裴氏及实物示教当不下吾人今日之欢迎杜威，欢迎设计教学与道尔顿制也。裴氏虽生于瑞士，工作于瑞士，但以瑞士人民中少数因政治宗教偏见之故，致本国尽量欢迎裴氏反后于他国，在当时受裴氏同事行裴氏之法之克露士（Kruies）之影响反为较大。然瑞士政府及私人捐赀以供裴氏之试验送学生来学者究不少也。其在德国方面有二件大事，由此二事吾人可以推知裴氏于德国影响为如何矣。其一由裴氏最大弟子福禄贝尔及迪斯多范（Diesterweg）在学理方面及方法上努力改进供裴氏教育之效率愈高。其二则1846年德之初等教育制度，直名裴司塔洛齐制是也。其在英国，则在先有墨约（Mayo）者学于裴氏。1822 年回英，设立学校，用裴氏之法，教授儿童。墨约之妹，作实物示教之书，印行至26 版之多。而1830 年后，育婴教育社（Infancy School Society）复在涡门（Owm）及士多（Stow）之下，用裴氏之法以施教，皆卓著成绩者也。其在美国方面，则由英、瑞输入者为多。

1806 年，裴氏同事尼夫（Neef）来非勒德尔非亚，设立裴氏学会。

1820 年，杂志及其他出版物，鼓吹裴氏学说至力。

1860 年，谢尔登（Sheldon）在纽约之过士渥哥（Oswago）设立贫儿学校，用裴氏之法教授儿童。

而在 1860 年后则日趋衰微，代起者

又另有人矣。

（二）海尔巴脱

海尔巴脱（Herbart），德人也。生于1776年。其父母均富有知识，故海氏禀性甚聪。其一生生活不出学生、家庭教师及大学教授范围，于初等教育实际上之经验至少也。即其在初等教育上之重要，在初亦不甚为人知，直至1868年（彼死之二十余年后）来比锡大学教授且尔拉（Ziler）力阐海氏学说，设立海氏学说研究会，自为会长，始大为世人所惊骇，而蔚成一代宗风，继裴司塔洛齐在教育上之地望焉。兹列其一生与教育有关者如下：

1776年，海尔巴脱生。

1796~1800年，海氏为瑞士贵族之

家庭教师。

1800 年，往贝格多夫访裴司塔洛齐，研究裴氏学说。

1802 年，刊行《裴氏实物教授 A. B. C. 之方法》。任哥丁弇大学私教授。

1804 年，刊行《对于裴氏方法之感想》。

1805 年，任哥丁弇大学教授。

1806 年，刊行《普通教育学》。

1809 ~ 1833 年，任哥宁斯堡大学教授。

1832 年，回任哥丁弇大学教授。

1835 年，刊行《教育学讲义纲要》。

1841 年，海氏卒。

海氏精于哲学及教育学。其哲学可不究论，论教育学中之最重要者。彼在教育方面有二点重要：

（1）为系统的组织教育学之始祖；

（2）重文学、历史而与裴氏在教授法上分席。

此二点稍笼统，兹再提出具体的两点讨论之：（1）教育之目的；（2）教学之方法。

（1）海氏特重道德，故彼以为教育目的，“在于培养儿童知识，陶冶其意志，以辨别是非，养成良好习惯完成道德”也。然则将何以达此目的耶？海氏以为在乎培养永久的兴味而已。直言之，即曰教育目的在于培养此永久的目的亦无不可。人之兴味其道非一，约而言之，则有二端，分而论之，则有六条，海氏分——

①关于物之兴味：（A）经验的兴味；（B）思考的兴味；（C）审美的兴味。

②关于人之兴味：（D）同情的兴味；（E）社会的兴味；（F）宗教的兴味。

合此六种兴味，则为多方的与永久的兴味矣。海氏又将一切教材分为两大类：①属于物之兴味者曰科学的教材；②属于人之兴味者曰社会的教材。此两种教材在教育上均为必要，就达到道德的目的计，似社会的教材更重于科学的教材也。

（2）裴氏以教法大博世界教育家之名，然彼承卢梭氏之意见，颇轻视史学及文学，故彼之教授法属于科学方面，而于历史方面，则未遑论及焉。及海尔巴脱出，改正卢氏学说，以为历史、文学，对于养成儿童道德至为重要，且于此方面之教学法有所发明。与裴氏之科学教学法之创造正堪比美也。海氏之教学法有四要点：

①兴味。海氏以为兴味者教育之要素也。无兴味则不能引起儿童之注意，不能引起儿童之注意而强以教材加诸儿童甚无益也。儿童之注意有二种：一曰自动的注意；二曰诱迫的注意。自动注意，兴味最高，心胸开豁，得益最多。至于诱迫的注意可以暂时有效，稍过则所得者逝矣。或则表面有效，而实无丝毫效果也。虽然自动的兴味，将何以养成之耶？世有以放糖的方法诱起兴味者。顾既云放糖则原质非甜可知也，放糖后所得之愉快，为时甚暂，其引人之注意甚微而弗著也。教育亦

然。若学生所有之兴味，只暂时由教师引起之微弱的兴味，而自身本无真正兴味者亦属无益。故教师最当注意教材本身，必教材真有引动儿童之魄力，然后学生始有真兴味。

②类化。类化者谓以过去之旧经验，同化现在之新经验也。换言之，必旧经验与新经验有若何之关系，而后新经验始能为旧经验所同化。其无关系者则不能同化也。譬如一人告我曰：“日与俄开战矣！”我必先知何为日，何为俄，而后知日俄开战为何意义。否则吾必问其人曰：“何为日，何为俄？”彼告我曰“日俄为二国名，日在亚洲，俄居欧洲，两国交界，今因争边界，两不相下。”而后吾乃知所谓日俄开战之意义矣。就此一例解释，“日

俄为二国……”为旧经验，“日俄开战矣”为新经验。前一经验与后一经验，其间关系至为明显，故彼告我以日俄开战，吾前之经验立即同化此新经验，于是吾知此新经验之意义。若彼告我曰“直奉开战矣！”吾之脑中，只有日俄之经验，而无直奉之经验，则此新经验当前，吾之旧经验并不能同化之也。何也？旧新两经验无若何关系也。

虽然即此旧新两经验有关系矣，而新经验之表现于吾前若与吾此时心境上之倾注（frame of mind）相反，则于此新经验之意义亦必领略错误。譬如吾单说一 bay 字，在猎者听之，以为吾意指犬吠，在学地理者听之以为吾言海湾，在匠人听之则以为吾属意建筑物也。盖猎者心倾于猎事，学者心注于地理，匠人心倾于建筑，故一闻吾言，而各以其旧经验同化之，殊不知吾所指者乃水闸也，是彼等皆误矣（bay 字意义很多，指犬吠、海湾、建筑物、水闸……）。

有此两种困难，故在教授时，教师第一不可不注意所用之教材，是否与儿童旧经验接近，第二在运用教材时，不可不于未入正题之先，先示正题大纲，俾学生心境倾注于我所用之教材上，然后方不至误会也。

③用方法以应付教材。所谓用方法以应付教材者，谓施教时对于教材用手续以应付之也。海氏手续如下：（A）明了；（B）联想；（C）系统；（D）方法。

其法将材料分析之，综合之，使儿童对此当前材料，一一清楚明白，有明确之观念，然后将过去经验，与新经验、新材料，唤起联络观念。俟此手续经过，然后使旧新观念间有系统的组织，然后施之于应用。换而言之，即先将教材加以分析综合，求其原则，再以原则应用于各方面，即海氏所谓用方法以应对付教材之谓也。海氏之四手续后至且尔拉修正为五段：分析、综合、联想、系统、方法。

至来茵（Rein）教授亦分为五而易其名曰：预备、提示、连结、总括、应用。

稍为完备，顾愈陷于形式矣。夫人心至灵动，变动不居，且心之作用确为不可截然分割者，故当教授时分合总析连结，应用，不可拘泥，当往复不常，相机应用，方为得当。若泥守五段成法，是又陷于形式主义之弊矣！

④相关。相关者，谓教材相关也。在海氏之意，以为自然科学应与数学相关。盖教材与教材各不相谋，则儿童受之，因缺乏统一观念之故，亦必零碎独立，不知使用。故海氏以为各种教材间当求联络也。此意至 19 世纪之末，美国有主张扩张海氏之范围，主张史地相关、数学与地理相关、数学与构造科目相关者。而在且尔拉及其他奉海氏学说者则主张集中，是又进一步矣。所谓集中者谓以一二种科目为中心，其他均附属之。如且尔拉主张以文学、历史为中心，其他均附于此中心之上是也。例如且氏以《鲁滨逊漂流记》为

小学第二年级读本，其余读写算及道德训话皆附之。第七年级则以历史上之宗教改革为中心，火药之发明、宗教改革之文学、路德之德译《圣经》及当时之天文地理如哥白尼、格里阿、牛顿等之科学皆附之。又美之派克则主张以科学为中心，其他皆附之。派克并不尚空言，曾行之而有效云。今之设计教学法含有集中与相关二义，是与海氏之说法有关系矣。

以上述海氏之学说及教法既尽矣，然则海氏及于世界之影响为如何乎？曰海氏之影响之大，当不亚于裴氏也。其在美国方面海氏与裴氏分霸19世纪。上半纪为裴氏时代，下半纪则为海氏时代也。海氏之得享世界大名，首不可不称谢且尔拉。盖海氏生时虽名高德国，然人所重视者止于彼之玄学，未尝赏识彼之教育学说之重要。自海氏死后十余年，且尔拉乃从而表扬之。于耶拿（Jena）大学，设海氏学说实验学校，又立海氏学说研究会。美人之留学德国者先后贩而之美，故海氏学说之影响，在德美最大，其他不足论矣。

至于海氏所主张之文学与历史当为重要科学之说，亦为世界所采纳。1870 年历史一科在德之初等小学中已占重要位置，《鲁滨逊漂流记》亦为小学校所必有。其在美国方面，1890 年前，历史之教授，不过用以启迪爱国心，至为狭隘，至海派如马克马利（Mc Murry）等，谓历史为道德实行之学后，广义的历史亦占一位置矣。至于文学则 1890 年前，读本仅选择一二有文学趣味者加入之，至 1890

年后得以里亚得（Eliot）、士古登（Scudden）等主张以文学书代读本，在低年级中用《母鹅》（*Mother Goose*）为读物，后亦推行矣。

（三）福禄贝尔

福禄贝尔（Froebel）者，德意志人，生于1782年。生后九月慈母去世。其父忙于公务，令下婢养之。四岁后，其父纳继室，福氏遂受冷酷之待遇矣。年十七，始得入学校，然以清贫之故，卒不能完其大学之修业时间也。二十岁后，流转四方，惟图糊口。1803年，得某校长之赏识，聘彼为教师，始从事于教育事业。偶读裴司塔洛齐著作，大有所感，先后率学生赴伊尔登亲炙于裴氏。不久普法战争起，福氏为爱国故，弃学从军，然彼从事教育之念，固刻刻不忘也。殆解甲之后，遂创立学校，不幸受政府之误会，谓其鼓吹自由、共和之精神，下令解散。自后福氏浪迹国外者凡数年，而终无一成。纪元 1838 年归国，设一学校，收容幼儿，而苦于难得一名，以名其校。一日偕友散步，忽悟及花园为培植幼小花木之所，彼之学校为培植幼稚儿童之所，因曰是宜名幼稚园（Kindergarten）矣！彼之计划，原极宏大，欲于幼稚园之外，设立教师养成所、幼儿及父兄之集会所，并发行杂志。顾以厄于经费，不但未得完全达到，且于 1843 年不能支持而自行关闭。然自是以后，彼从事教育并未稍衰。自 1848 年后，三四年间仍继续其业，名誉益著，但为政府中人所不喜，卒为政府下令再行封闭，彼亦于 1852 年死矣！兹列其简单年表如下：

1782 年　福氏生。

1805 年　任某师范学校之教员。

同年八月　赴伊尔登见裴司塔洛齐。随返。

1808 年　再赴伊尔登学于裴氏。

1811 年　学于哥丁弇及柏林二大学。

1813 年　从军。

1814 年　设立学校。

1826 年　刊行《人之教育》一书。

1829 年　学校为政府所解散。

1838 年　设立幼稚园。

1843 年　刊行《母之游戏》及育儿唱歌。

同年　幼稚园关闭。

1848 年　在列比士登尽力幼儿教育，

以“幼儿之友”著名于世。

1851 年　幼稚园为政府所解散。

1852 年　福氏卒。

就上表而论，可知彼实为纯粹的教育家也。

福氏之教育思想，直接受之裴氏，间接受之卢梭。其在教育上之重要有二点：

（1）筋肉的活动（Motor Expression）；

（2）学生社会的活动。

由第一点言之，福氏实行卢氏之原理也，由第二点言之，则福氏校正卢氏之说也。除此两点而外，尚有象征主义（Symbolism）一点，在福氏主之甚力，然在后世之价值甚少也。兹分下列三点讨论福氏之学说：

（1）象征主义；

（2）筋肉活动的教育；

（3）参与社会活动的教育。

（1）象征主义。福氏之象征主义，颇带神秘性，盖由受宗教之影响而来。彼以为物界心界社会同隶一原理之下。物界有何变化，心有何变化，社会亦有何变化。是之谓心物社会同理。夫理既同，则吾人求一可以知三，举一可以征二也。故为学者在善推其理焉。福氏根据此理，以为研究物之结晶之理，可知心理学及社会学上之定则。何由知之，类推之也。是以类推为必要（analogy）征于现象之相同，而推其理之相同，是为福氏之象征主义。

然则象征主义于教育上有何用处乎？

福氏主张于儿童玩物上应具象征之功用。如圆球如杖皆可具此功用。圆球之形式为圆，其各部分均称而且充实。故圆球即有表示人生圆满均称之义，人之体育、德育、智育，象征圆球之各部，圆球全体象征整个人生，圆球各部平均俱甚充实，即象征德智体之均齐发达，而成此圆满之人生也。其余各玩物亦各有其象征者在，故每一玩物非独供儿童玩弄而已，且将以供道德之训练焉。福氏儿童玩物及恩物、游戏等，在福氏视之，盖无不有象征之义，无一非养成儿童道德之物。虽然以玩物代表真实人生、真实经验，使儿童于所难致之物得一缩体之代表经验，未尝不可。若以玩物因而养成爱物之德及其他好习惯，事势亦在所必许。但如福氏所谓，不但儿童悟领者少，亦不能领悟矣，此近代心理学家如桑代克之流所以排斥之也。

（2）筋肉活动的教育。福氏教育之要点，除上一点有神秘性外，余二点，俱极明显，为根于人性而发者。筋肉活动为儿童天性，儿童好仿成人作家事活动，女孩犹好学抚育婴儿，学习烹饪，或做作物件，此即儿童筋肉活动之特征也。此种特点用为学习基础，成就必至为可观。盖儿童最不喜专听教师讲说，而爱自己发表意见，最不喜袖手旁观而爱参与活动。若能因势利导之，匪特儿童之工作，因此兴味益浓，抑将因爱好活动之故，往往儿童有心理的创造品出现矣。故福氏每日令儿童作二小时创造工作，或上午于讲室中受课，午后往园中田间或室外作种种工作，其工作所包至广，自绘书以至金木石皮革装钉书籍，自花园中莳花以至下种收获，均甚完备也。除此种家事活动及工业活动外，彼又令儿童注意唱歌、绘画、描写等。盖渠之意，在使儿童多与人生相接触，引起其广大之兴趣，了然人类兴趣之多端也。要而言之，筋肉活动，在教育上极有价值，思想与动作、知识与表现、艺术与科学由此均得互相关连，互相为用。后来手工之发展，即受此说之暗示所由始矣。按手工科之训练，自 1876 年后在美国小学课程中已占位置，1880 年后中学中亦有行之者。1890 年后发达更速。至于我国则民国三年后始添授于小学、中学中者也。

（3）社会活动的教育。社会活动，所以养成协作的精神也。卢梭教育学说，最大缺点，即在主张非社会的教育，忽视社会科学。自海尔巴脱氏出，主张文学、历史之重要，卢氏缺陷得以补其半，自福氏主张社会活动的教育而后，卢氏之缺陷全弥补矣。福氏之主张有何根据乎？吾前已言之矣，社会活动的教育，所以养成协作的精神也。人为社会动物，万不能离人群而独处。人群中生活，万不能各不相顾，而能生活无忤，换言之，不能协作者终于失败而已。夫协作为人类天性，于儿童游戏中可以见之；协作之利益，亦可于儿童游戏中可以见之。儿童群居作种种游戏时，彼此举动，常能合拍，动容周旋，互合节奏，初不异于具体而微之一幕戏剧，恍若平日习之有素也。儿童与儿童之间才智不必相等。平日一芥之微，必不能无争，天坦之性，有积于中尤必有形于外，独到斯时一切私愤，咸能蠲除，和衷共济。能者不必尽其能，而常能屈己以就人，不能者不必怯其不能，而常能格外奋勉以相承，是以一幕具体而微之戏剧得以进行，彼此咸得充分之愉快焉。其有恃才傲物，炫能矜慧者，则相与避之，不令参加，彼则不得与其乐也。即此小事可以观大，人群社会，以此为缩影可也。协作之要，不待再烦言矣。福氏且谓协作精神宜自幼培养；培养之方莫若游戏。在福氏未以幼稚园名其学校之前，盖尝以游戏的学校名，具见其意焉。

以上既述福氏之学说矣，尚有一很重要之事，不能不述者，即幼稚园是也。

幼稚园之意义及成立，吾前已言之，

兹不赘述。兹之所述，为福氏学说在此中之运用，及幼稚园在欧美之影响而已。

按福氏学说之三点——象征主义、筋肉活动、社会活动——一一俱用诸幼稚园中。幼稚园中之游戏玩耍，即筋肉活动与社会活动之表现也。其所用之恩物（gift）即含有象征主义之微意焉。恩物者谓长辈或教师赠与儿童之物也。福氏所创恩物，约有二类：（1）曰分解的恩物；（2）曰综合的恩物。两类恩物，约共20。一一俱有象征之意，所以反映人心与社会也。然其奥妙难解，虽成人骤见，或亦难知其意旨，况于幼童乎？是以于此不免议论纷起——守旧如布罗女士（Blow——美人）尤死守成法成义，不尚变通，至如杜威、桑代克（Thorndike）等则拒斥之矣。

虽然，幼稚园之事业，乃世界教育家所公认者也。其在欧美均颇发达，但美国为逊，自 1800 年后，德国大市多[1]设立，其余欧洲各邦亦渐次而有。

其在美国则自 1850 年后，德民移殖美国间有设立幼稚园以应德民之需要者。美人始得窥其成法，1856 年，班那德（Banard）于教育杂志上著文鼓吹之，于是 1860 年比波特（Elizabeth Peabody）设幼稚园于波士顿。

1868 年　波士顿设立幼稚园教师养成所。

[1] 原文模糊，疑为“有”。——编者注

1880 年后　省议会有议决设立幼稚园者。

自后风起云涌，浸浸日多矣。

(四) 派克与杜威

以上已述裴氏、福氏、海氏三大教育家矣。在美国方面尚有二大教育家焉：一曰派克（Parker），一曰杜威（Dewey）。派克在美国教育界上于教法方面之改良，颇为重要，彼生于 1837 年，死于 1902 年。彼在教育界之经验至为宏富。曾为支加哥大学师范院主干。彼之教法，主张以科学为一切科目之中心，盖曾行之而有效云。彼之教法，在美国方面，于 1875 ~ 1902 年间，风动一时，今稍稍替矣。杜威生于 1859 年，现尚为哥仑比亚大学教授。彼于初等教育上之重要，以其学说上之供献为最大。彼盖主张社会的教育者也，彼以为学校即生活，学校乃团体生活，从社会生活上进行者也。彼且谓教材之中心，不在理科，不在文史，而在儿童自身之社会生活。（此点实有重大之影响。因在昔对教材之选择，无论主张以任何科目为中心，皆不外重视科目本身之价值，科目之有价值者栏入课程之中，价值少者剔除之，而价值之有无多少，又全就论理的推断，而不问儿童是否需要，是否合宜，推至其极，是教材无古今地域之限制者矣。杜氏主张属心理派，教材本身之价值去取全视儿童生活及环境及其他心理、生理的条件而定，乃切合儿童社会生活者。）儿童之自身生活为何？可于实业的活动中见其大部也。故杜威于教材方面甚重实业的，其所著《明日之学校》可证也。杜威学说在美国极占势力，东亚亦多倾信之者。

至于教法方面，尚有二种可记者：一曰设计教学（Teaching by Projects），二曰道尔顿制（Danlton Plan）。设计教学者打破从前歹板之时间制、教科书制，而代以活动的方法，以利用教材与时间者也。其原理可以杜威所谓“教材中心在儿童自己之社会生活”一语当之。设计教学法之运用，大概无一定之时间限制，无固定之教材，而惟视当时社会上所挑起儿童之倾向者为何，即取以为教材耳。譬如今日新闻纸上载有“黄河铁桥改造”之消息，学生皆已阅悉。次日教师上堂与学生商量教材，如有提议用此作教材者，经学生多数之同意，即可以“黄河铁桥之改造”一题为中心，由此中心可以分出下列之问题而发生与各科相联之关系：

（1）黄河铁桥之历史　与历史有关；

（2）黄河铁桥之位置　与地理有关；

（3）改建铁桥之经费及其来源　与算学及公民学有关；

（4）铁桥之材料　与理科有关；

（5）记黄河铁桥之改造　与作文有关；

（6）作铁桥之模型　与手工有关。

教师照以上各题，一一进行，则其结果有三益：

（1）学生兴味必高；

（2）材料皆活动有实用者且有联络；

（3）学生思想及其材料得有中心统一

观念，容易组织，且能久记，不至涣散。

道尔顿制者打破从前被动学习，充分利用自动的学习者也。其运用不在讲室而在作业室。其办法系在一学年之始，由教师与教师会同商定学校作业计划，由教师与学生会同商定各人作业计划、标准及进行表，定全学年之进程。每周由学生自行预定本周计划，由教师为之指导，以定一周之进程。其作业室有数个，依作业之性质而分，作业时间亦有规定。在一定时期中，学生皆入作业室，专心工作；作业室中亦设教师，学生如有疑惑，教师立即为之解释。至于教师全班讲演，非届必要，多不举行。此种教学法近年在美始发明，我国最进步之学校，初行试验。其成绩间有报告，或多溢美之词。至其真价值全视行之者之热心与技能而定耳，固不能只视其理论之如何也。

至于近来初等教育上之趋势，亦略有四点：

（1）测验。测验者，测验儿童身心发达之能力，智慧之高下，学力之造诣，以定施教，行政，编制种种之张本也。测验之种类至多，兹不列举。其在美国施之最广，亦多有效，我国近由中华教育改进社特别提倡，已举行焉。在欧洲则未通行也。

（2）职业教育。此因实业之发展，生计之逼人，多数儿童将来不得不工作以糊口，故初等教育中，施行初步的职业教育，亦为必要。在美国已甚发达，在吾国亦有此趋势。

(3) 公民教育。在民治国家之下，培养公民最为要著，盖共和国家基础在于人民，故培养公民知识当与培养其他知识有同等之重要。在美国初等教育中已盛行加入公民教育矣。在吾国近亦废去狭隘之修身科而代以公民常识焉。

(4) 个性差别。人与人间至为不齐，此地与彼地亦各互异。人地既不一致，则其需要当不相同。而适应人生需要之教育自当有别也。美国学制不一，学校种类至多，于适应学生之需要最便利。吾国新学制多具弹性，受美之影响不少。

总结

本文所述近代初等教育凡分四期，其时间自16世纪起。然欲明16世纪后之情形，不可不略知中世之情形，故本文第一期即12世纪至15世纪时代也。此时初等教育极不发达，与初等教育相当者只大城市所立之国语学校而已。顾厄于教会，卒至销灭。

第二期始自宗教以后，此期中之初等教育，虽比前较发达，但为教会所经营，盖用为战争之工具者也。

第三期为承上启下之时期，上期之初等教育尽在教会之手，此期则渐次与教会脱离关系。所以致此之原因有四：(1)曰科学发现；(2)曰宗教自由；(3)曰中央集权；(4)曰民治发展。此四大要素，总而言之，可曰自由之发展，分而言之则精神上之自由与政治上之自由也。此两者均足以使宗教势力减退，促成教育还俗。此期有三大教育家：夸美纽司、陆克、卢梭是。

第四期即19世纪以至今日也。在此期中教会与初等教育绝缘，初等教育遂得达其长足之进行焉。在数量上言，文明各国学龄儿童90%以上皆就学，就性质上言，学理与教法日渐改进，日趋完备。此时之大教育家为裴司塔洛齐、海尔巴特、福禄贝尔、杜威、派克等。其教法方面有裴氏之实物示教、福氏之象征的恩物，及近来之设计教学与道尔顿制。在科目方面较前大为增加，文学、历史、地理、手工、家事、公民常识皆属新增加者。